TRANZLATY

Sprache ist für alle da

A linguagem é para todos

Die Schöne und das Biest

A Bela e a Fera

Gabrielle-Suzanne Barbot de Villeneuve

Deutsch / Português Brasileiro

Copyright © 2025 Tranzlaty
All rights reserved
Published by Tranzlaty
ISBN: 978-1-80572-023-2
Original text by Gabrielle-Suzanne Barbot de Villeneuve
La Belle et la Bête
First published in French in 1740
Taken from The Blue Fairy Book (Andrew Lang)
Illustration by Walter Crane
www.tranzlaty.com

Es war einmal ein reicher Kaufmann
Era uma vez um rico comerciante
dieser reiche Kaufmann hatte sechs Kinder
Este rico comerciante teve seis filhos
Er hatte drei Söhne und drei Töchter
ele teve três filhos e três filhas
Er hat keine Kosten für ihre Ausbildung gescheut
ele não poupou nenhum custo para sua educação
weil er ein vernünftiger Mann war
porque ele era um homem de bom senso
aber er gab seinen Kindern viele Diener
mas ele deu a seus filhos muitos servos
seine Töchter waren überaus hübsch
suas filhas eram extremamente bonitas
und seine jüngste Tochter war besonders hübsch
e sua filha mais nova era especialmente bonita
Schon als Kind wurde ihre Schönheit bewundert
quando criança, sua beleza já era admirada
und die Leute nannten sie nach ihrer Schönheit
e as pessoas a chamavam por sua beleza
Ihre Schönheit verblasste nicht, als sie älter wurde
sua beleza não desapareceu à medida que envelhecia
Deshalb nannten die Leute sie weiterhin wegen ihrer Schönheit
então as pessoas continuaram chamando-a por sua beleza
das machte ihre Schwestern sehr eifersüchtig
Isso deixou suas irmãs com muito ciúmes
Die beiden ältesten Töchter waren sehr stolz
As duas filhas mais velhas tinham muito orgulho
Ihr Reichtum war die Quelle ihres Stolzes
sua riqueza era a fonte de seu orgulho
und sie verbargen ihren Stolz nicht
e eles também não esconderam seu orgulho
Sie besuchten nicht die Töchter anderer Kaufleute
eles não visitaram as filhas de outros comerciantes
weil sie nur mit Aristokraten zusammentreffen

porque eles só se encontram com a aristocracia
Sie gingen jeden Tag zu Partys
Eles saíam todos os dias para festas
Bälle, Theaterstücke, Konzerte usw.
bailes, peças de teatro, concertos e assim por diante
und sie lachten über ihre jüngste Schwester
e eles riram de sua irmã mais nova
weil sie die meiste Zeit mit Lesen verbrachte
porque ela passava a maior parte do tempo lendo
Es war allgemein bekannt, dass sie reich waren
era bem sabido que eles eram ricos
so hielten mehrere bedeutende Kaufleute um ihre Hand an
então vários comerciantes eminentes pediram sua mão
aber sie sagten, sie würden nicht heiraten
mas eles disseram que não iriam se casar
aber sie waren bereit, einige Ausnahmen zu machen
mas eles estavam preparados para fazer algumas exceções
„Vielleicht könnte ich einen Herzog heiraten"
"talvez eu pudesse me casar com um duque"
„Ich schätze, ich könnte einen Grafen heiraten"
"Acho que poderia me casar com um conde"
Schönheit dankte sehr höflich denen, die ihr einen Antrag gemacht hatten
Bela agradeceu muito civilmente àqueles que a pediram em casamento
Sie sagte ihnen, sie sei noch zu jung zum Heiraten
Ela disse a eles que ainda era muito jovem para se casar
Sie wollte noch ein paar Jahre bei ihrem Vater bleiben
ela queria ficar mais alguns anos com o pai
Auf einmal verlor der Kaufmann sein Vermögen
De repente, o comerciante perdeu sua fortuna
er verlor alles außer einem kleinen Landhaus
ele perdeu tudo, exceto uma pequena casa de campo
und er sagte seinen Kindern mit Tränen in den Augen:
e ele disse a seus filhos com lágrimas nos olhos:
„Wir müssen aufs Land gehen"

"Devemos ir para o campo"
„und wir müssen für unseren Lebensunterhalt arbeiten"
"e devemos trabalhar para viver"
die beiden ältesten Töchter wollten die Stadt nicht verlassen
As duas filhas mais velhas não queriam deixar a cidade
Sie hatten mehrere Liebhaber in der Stadt
eles tinham vários amantes na cidade
und sie waren sicher, dass einer ihrer Liebhaber sie heiraten würde
e eles tinham certeza de que um de seus amantes se casaria com eles
Sie dachten, ihre Liebhaber würden sie heiraten, auch wenn sie kein Vermögen hätten
eles pensaram que seus amantes se casariam com eles, mesmo sem fortuna
aber die guten Damen haben sich geirrt
mas as boas senhoras estavam enganadas
Ihre Liebhaber verließen sie sehr schnell
seus amantes os abandonaram muito rapidamente
weil sie kein Vermögen mehr hatten
porque eles não tinham mais fortuna
das zeigte, dass sie nicht wirklich beliebt waren
Isso mostrou que eles não eram realmente queridos
alle sagten, sie verdienen kein Mitleid
Todo mundo disse que não merece pena
„**Wir sind froh, dass ihr Stolz gedemütigt wurde"**
"Estamos felizes em ver seu orgulho humilhado"
„**Lasst sie stolz darauf sein, Kühe zu melken"**
"Que eles se orgulhem de ordenhar vacas"
aber sie waren um Schönheit besorgt
mas eles estavam preocupados com a beleza
sie war so ein süßes Geschöpf
ela era uma criatura tão doce
Sie sprach so freundlich zu armen Leuten
ela falava tão gentilmente com as pessoas pobres
und sie war von solch unschuldiger Natur

e ela era de natureza tão inocente
Mehrere Herren hätten sie geheiratet
Vários cavalheiros teriam se casado com ela
Sie hätten sie geheiratet, obwohl sie arm war
eles teriam se casado com ela mesmo que ela fosse pobre
aber sie sagte ihnen, sie könne sie nicht heiraten
mas ela disse a eles que não poderia se casar com eles
weil sie ihren Vater nicht verlassen wollte
porque ela não deixaria seu pai
sie war entschlossen, mit ihm aufs Land zu fahren
ela estava determinada a ir com ele para o campo
damit sie ihn trösten und ihm helfen konnte
para que ela pudesse confortá-lo e ajudá-lo
Die arme Schönheit war zunächst sehr betrübt
A pobre beleza ficou muito triste no início
sie war betrübt über den Verlust ihres Vermögens
ela estava triste com a perda de sua fortuna
„Aber Weinen wird mein Schicksal nicht ändern"
"Mas chorar não vai mudar minha sorte"
„Ich muss versuchen, ohne Reichtum glücklich zu sein"
"Devo tentar me fazer feliz sem riqueza"
Sie kamen zu ihrem Landhaus
eles vieram para sua casa de campo
und der Kaufmann und seine drei Söhne widmeten sich der Landwirtschaft
e o comerciante e seus três filhos se dedicaram à agricultura
Schönheit stand um vier Uhr morgens auf
A beleza levantou-se às quatro da manhã
und sie beeilte sich, das Haus zu putzen
e ela se apressou em limpar a casa
und sie sorgte dafür, dass das Abendessen fertig war
e ela se certificou de que o jantar estava pronto
ihr neues Leben fiel ihr zunächst sehr schwer
No começo, ela achou sua nova vida muito difícil
weil sie diese Arbeit nicht gewohnt war
porque ela não estava acostumada a esse trabalho

aber in weniger als zwei Monaten wurde sie stärker
mas em menos de dois meses ela ficou mais forte
und sie war gesünder als je zuvor
e ela estava mais saudável do que nunca
nachdem sie ihre arbeit erledigt hatte, las sie
depois de ter feito seu trabalho, ela leu
sie spielte Cembalo
ela tocava cravo
oder sie sang, während sie Seide spann
ou ela cantava enquanto fiava seda
im Gegenteil, ihre beiden Schwestern wussten nicht, wie sie ihre Zeit verbringen sollten
pelo contrário, suas duas irmãs não sabiam como gastar o tempo
Sie standen um zehn auf und taten den ganzen Tag nichts anderes als herumzufaulenzen
Eles se levantaram às dez e não fizeram nada além de descansar o dia todo
Sie beklagten den Verlust ihrer schönen Kleider
eles lamentaram a perda de suas roupas finas
und sie beklagten sich über den Verlust ihrer Bekannten
e eles reclamaram de perder seus conhecidos
„Schau dir unsere jüngste Schwester an", sagten sie zueinander
"Dê uma olhada em nossa irmã mais nova", disseram um ao outro
„Was für ein armes und dummes Geschöpf sie ist"
"Que criatura pobre e estúpida ela é"
„Es ist gemein, mit so wenig zufrieden zu sein"
"É mau contentar-se com tão pouco"
der freundliche Kaufmann war ganz anderer Meinung
o gentil comerciante tinha uma opinião bem diferente
er wusste sehr wohl, dass Schönheit ihre Schwestern übertraf
ele sabia muito bem que a Bela ofuscava suas irmãs
Sie übertraf sie sowohl charakterlich als auch geistig

ela os ofuscou em caráter e mente
er bewunderte ihre Bescheidenheit und ihre harte Arbeit
ele admirava sua humildade e seu trabalho árduo
aber am meisten bewunderte er ihre Geduld
mas acima de tudo ele admirava sua paciência
Ihre Schwestern überließen ihr die ganze Arbeit
suas irmãs deixaram para ela todo o trabalho a fazer
und sie beleidigten sie ständig
e eles a insultaram a cada momento
Die Familie hatte etwa ein Jahr lang so gelebt
A família vivia assim há cerca de um ano
dann bekam der Kaufmann einen Brief von einem Buchhalter
então o comerciante recebeu uma carta de um contador
er hatte in ein Schiff investiert
ele tinha um investimento em um navio
und das Schiff war sicher angekommen
e o navio havia chegado em segurança
diese Nachricht ließ die beiden ältesten Töchter staunen
Esta notícia virou a cabeça das duas filhas mais velhas
Sie hatten sofort die Hoffnung, in die Stadt zurückzukehren
eles imediatamente tiveram esperanças de voltar para a cidade
weil sie des Landlebens überdrüssig waren
porque estavam bastante cansados da vida no campo
Sie gingen zu ihrem Vater, als er ging
eles foram para o pai quando ele estava saindo
Sie baten ihn, ihnen neue Kleider zu kaufen
eles imploraram para que ele comprasse roupas novas para eles
Kleider, Bänder und allerlei Kleinigkeiten
vestidos, fitas e todos os tipos de pequenas coisas
aber die Schönheit verlangte nichts
mas a Bela não pediu nada
weil sie dachte, das Geld würde nicht reichen
porque ela pensou que o dinheiro não seria suficiente
es würde nicht reichen, um alles zu kaufen, was ihre

Schwestern wollten
não haveria o suficiente para comprar tudo o que suas irmãs queriam
„Was möchtest du, Schönheit?", fragte ihr Vater
"O que você gostaria, Bela?" perguntou o pai
"Danke, Vater, dass du so nett bist, an mich zu denken", sagte sie
"Obrigada, pai, pela bondade de pensar em mim", disse ela
„Vater, sei so freundlich und bring mir eine Rose mit"
"Pai, tenha a gentileza de me trazer uma rosa"
„weil hier im Garten keine Rosen wachsen"
"Porque não crescem rosas aqui no jardim"
„und Rosen sind eine Art Rarität"
"E as rosas são uma espécie de raridade"
Schönheit mochte Rosen nicht wirklich
A beleza realmente não se importava com rosas
sie bat nur um etwas, um ihre Schwestern nicht zu verurteilen
ela só pediu algo para não condenar suas irmãs
aber ihre Schwestern dachten, sie hätte aus anderen Gründen nach Rosen gefragt
mas suas irmãs pensaram que ela pediu rosas por outros motivos
„Sie hat es nur getan, um besonders auszusehen"
"Ela fez isso apenas para parecer particular"
Der freundliche Mann machte sich auf die Reise
O homem gentil seguiu sua jornada
aber als er ankam, stritten sie über die Ware
mas quando ele chegou, eles discutiram sobre a mercadoria
und nach viel Ärger kam er genauso arm zurück wie zuvor
e depois de muitos problemas, ele voltou tão pobre quanto antes
er war nur ein paar Stunden von seinem eigenen Haus entfernt
ele estava a algumas horas de sua própria casa
und er stellte sich schon die Freude vor, seine Kinder zu

sehen
e ele já imaginava a alegria de ver seus filhos
aber als er durch den Wald ging, verirrte er sich
mas ao passar pela floresta ele se perdeu
es hat furchtbar geregnet und geschneit
choveu e nevou terrivelmente
der Wind war so stark, dass er ihn vom Pferd warf
o vento estava tão forte que o jogou do cavalo
und die Nacht kam schnell
e a noite estava chegando rapidamente
er begann zu glauben, er müsse verhungern
ele começou a pensar que poderia morrer de fome
und er dachte, er könnte erfrieren
e ele pensou que poderia congelar até a morte
und er dachte, Wölfe könnten ihn fressen
e ele pensou que os lobos poderiam comê-lo
die Wölfe, die er um sich herum heulen hörte
os lobos que ele ouviu uivando ao seu redor
aber plötzlich sah er ein Licht
mas de repente ele viu uma luz
er sah das Licht in der Ferne durch die Bäume
ele viu a luz à distância através das árvores
als er näher kam, sah er, dass das Licht ein Palast war
Quando ele se aproximou, viu que a luz era um palácio
der Palast war von oben bis unten beleuchtet
O palácio estava iluminado de cima a baixo
Der Kaufmann dankte Gott für sein Glück
o comerciante agradeceu a Deus por sua sorte
und er eilte zum Palast
e ele correu para o palácio
aber er war überrascht, keine Leute im Palast zu sehen
mas ele ficou surpreso ao não ver pessoas no palácio
der Hof war völlig leer
O pátio estava completamente vazio
und nirgendwo ein Lebenszeichen
e não havia sinal de vida em lugar nenhum

sein Pferd folgte ihm in den Palast
seu cavalo o seguiu até o palácio
und dann fand sein Pferd großen Stall
e então seu cavalo encontrou um grande estábulo
das arme Tier war fast verhungert
o pobre animal estava quase faminto
also ging sein Pferd hinein, um Heu und Hafer zu finden
então seu cavalo entrou para encontrar feno e aveia
zum Glück fand er reichlich zu essen
Felizmente, ele encontrou muito o que comer
und der Kaufmann band sein Pferd an die Krippe
e o comerciante amarrou seu cavalo à manjedoura
Als er zum Haus ging, sah er niemanden
Caminhando em direção à casa, ele não viu ninguém
aber in einer großen Halle fand er ein gutes Feuer
mas em um grande salão ele encontrou uma boa fogueira
und er fand einen Tisch für eine Person gedeckt
e ele encontrou uma mesa posta para um
er war nass vom Regen und Schnee
ele estava molhado da chuva e da neve
Also ging er zum Feuer, um sich abzutrocknen
então ele se aproximou do fogo para se secar
„Ich hoffe, der Hausherr entschuldigt mich"
"Espero que o dono da casa me desculpe"
„Ich schätze, es wird nicht lange dauern, bis jemand auftaucht."
"Suponho que não vai demorar muito para alguém aparecer"
Er wartete eine beträchtliche Zeit
Ele esperou um tempo considerável
er wartete, bis es elf schlug, und noch immer kam niemand
ele esperou até que batesse onze, e ainda assim ninguém veio
Schließlich war er so hungrig, dass er nicht länger warten konnte
Por fim, ele estava com tanta fome que não podia esperar mais
er nahm ein Hühnchen und aß es in zwei Bissen
Ele pegou um pouco de frango e comeu em dois bocados

er zitterte beim Essen
ele estava tremendo enquanto comia a comida
danach trank er ein paar Gläser Wein
depois disso, ele bebeu algumas taças de vinho
Er wurde mutiger und verließ den Saal
ficando mais corajoso, ele saiu do salão
und er durchquerte mehrere große Hallen
e ele atravessou vários grandes salões
Er ging durch den Palast, bis er in eine Kammer kam
Ele caminhou pelo palácio até entrar em uma câmara
eine Kammer, in der sich ein überaus gutes Bett befand
um quarto que tinha uma cama muito boa
er war von der Tortur sehr erschöpft
ele estava muito cansado de sua provação
und es war schon nach Mitternacht
e a hora já passava da meia-noite
also beschloss er, dass es das Beste sei, die Tür zu schließen
Então ele decidiu que era melhor fechar a porta
und er beschloss, dass er zu Bett gehen sollte
e ele concluiu que deveria ir para a cama
Es war zehn Uhr morgens, als der Kaufmann aufwachte
Eram dez da manhã quando o comerciante acordou
gerade als er aufstehen wollte, sah er etwas
Assim que ele ia se levantar, ele viu algo
er war erstaunt, saubere Kleidung zu sehen
Ele ficou surpreso ao ver um conjunto de roupas limpas
an der Stelle, wo er seine schmutzigen Kleider zurückgelassen hatte
no lugar onde ele havia deixado suas roupas sujas
"Mit Sicherheit gehört dieser Palast einer netten Fee"
"Certamente este palácio pertence a algum tipo de fada"
„eine Fee, die mich gesehen und bemitleidet hat"
"uma fada que viu e teve pena de mim"
er sah durch ein Fenster
Ele olhou por uma janela
aber statt Schnee sah er den herrlichsten Garten

mas em vez de neve ele viu o jardim mais delicioso
und im Garten waren die schönsten Rosen
e no jardim estavam as rosas mais bonitas
dann kehrte er in die große Halle zurück
Ele então voltou para o grande salão
der Saal, in dem er am Abend zuvor Suppe gegessen hatte
o salão onde ele havia tomado sopa na noite anterior
und er fand etwas Schokolade auf einem kleinen Tisch
e ele encontrou um pouco de chocolate em uma pequena mesa
„Danke, liebe Frau Fee", sagte er laut
"Obrigado, boa Madame Fada", disse ele em voz alta
„Danke für Ihre Fürsorge"
"Obrigado por ser tão atencioso"
„Ich bin Ihnen für all Ihre Gefälligkeiten äußerst dankbar"
"Estou extremamente grato a você por todos os seus favores"
Der freundliche Mann trank seine Schokolade
o homem gentil bebeu seu chocolate
und dann ging er sein Pferd suchen
e então ele foi procurar seu cavalo
aber im Garten erinnerte er sich an die Bitte der Schönheit
mas no jardim ele se lembrou do pedido da Bela
und er schnitt einen Rosenzweig ab
e cortou um ramo de rosas
sofort hörte er ein lautes Geräusch
imediatamente ele ouviu um grande barulho
und er sah ein furchtbar furchtbares Tier
e ele viu uma besta terrivelmente assustadora
er war so erschrocken, dass er kurz davor war, ohnmächtig zu werden
ele estava com tanto medo que estava prestes a desmaiar
„Du bist sehr undankbar", sagte das Tier zu ihm
"Você é muito ingrato", disse a Besta para ele
und das Tier sprach mit schrecklicher Stimme
e a Besta falou com uma voz terrível
„Ich habe dein Leben gerettet, indem ich dich in mein Schloss gelassen habe"

"Eu salvei sua vida permitindo que você entrasse no meu castelo"
"und dafür stiehlst du mir im Gegenzug meine Rosen?"
"e por isso você rouba minhas rosas em troca?"
„Die Rosen sind für mich mehr wert als alles andere"
"As rosas que eu valorizo além de tudo"
„Aber du wirst für das, was du getan hast, sterben"
"mas você morrerá pelo que fez"
„Ich gebe Ihnen nur eine Viertelstunde, um sich vorzubereiten"
"Eu lhe dou apenas um quarto de hora para se preparar"
„Bereiten Sie sich auf den Tod vor und sprechen Sie Ihre Gebete"
"Prepare-se para a morte e faça suas orações"
der Kaufmann fiel auf die Knie
O comerciante caiu de joelhos
und er hob beide Hände
e ele levantou as duas mãos
„Mein Herr, ich flehe Sie an, mir zu vergeben"
"Meu senhor, eu te imploro que me perdoes"
„Ich hatte nicht die Absicht, Sie zu beleidigen"
"Eu não tinha intenção de ofendê-lo"
„Ich habe für eine meiner Töchter eine Rose gepflückt"
"Colhi uma rosa para uma das minhas filhas"
„Sie bat mich, ihr eine Rose mitzubringen"
"Ela me pediu para trazer uma rosa para ela"
„Ich bin nicht euer Herr, sondern ein Tier", antwortete das Monster
"Eu não sou seu senhor, mas sou uma Besta", respondeu o monstro
„Ich mag keine Komplimente"
"Eu não amo elogios"
„Ich mag Menschen, die so sprechen, wie sie denken"
"Gosto de pessoas que falam como pensam"
„glauben Sie nicht, dass ich durch Schmeicheleien bewegt werden kann"

"não imagine que posso ser movido pela lisonja"
„Aber Sie sagen, Sie haben Töchter"
"Mas você diz que tem filhas"
„Ich werde dir unter einer Bedingung vergeben"
"Eu vou te perdoar com uma condição"
„Eine deiner Töchter muss freiwillig in meinen Palast kommen"
"Uma de suas filhas deve vir ao meu palácio de bom grado"
"und sie muss für dich leiden"
"e ela deve sofrer por você"
„Gib mir Dein Wort"
"Deixe-me ter sua palavra"
„Und dann können Sie Ihren Geschäften nachgehen"
"E então você pode cuidar de seus negócios"
„Versprich mir das:"
"Prometa-me isso:"
„Wenn Ihre Tochter sich weigert, für Sie zu sterben, müssen Sie innerhalb von drei Monaten zurückkehren"
"Se sua filha se recusar a morrer por você, você deve retornar dentro de três meses"
der Kaufmann hatte nicht die Absicht, seine Töchter zu opfern
O comerciante não tinha intenção de sacrificar suas filhas
aber da ihm Zeit gegeben wurde, wollte er seine Töchter noch einmal sehen
mas, como lhe foi dado tempo, ele queria ver suas filhas mais uma vez
also versprach er, dass er zurückkehren würde
Então ele prometeu que voltaria
und das Tier sagte ihm, er könne aufbrechen, wann er wolle
e a Besta disse-lhe que ele poderia partir quando quisesse
und das Tier erzählte ihm noch etwas
e a Besta disse-lhe mais uma coisa
„Du sollst nicht mit leeren Händen gehen"
"Não partirás de mãos vazias"
„Geh zurück in das Zimmer, in dem du lagst"

"Volte para o quarto onde você se deitou"
„Sie werden eine große leere Schatzkiste sehen"
"Você verá um grande baú de tesouro vazio"
„Fülle die Schatzkiste mit allem, was Dir am besten gefällt"
"Encha o baú do tesouro com o que você mais gosta"
„und ich werde die Schatzkiste zu Dir nach Hause schicken"
"e enviarei o baú do tesouro para sua casa"
und gleichzeitig zog sich das Tier zurück
e ao mesmo tempo a Besta se retirou
„Nun", sagte sich der gute Mann
"Bem", disse o bom homem para si mesmo
„Wenn ich sterben muss, werde ich meinen Kindern wenigstens etwas hinterlassen"
"se eu tiver que morrer, pelo menos deixarei algo para meus filhos"
so kehrte er ins Schlafzimmer zurück
então ele voltou para o quarto de dormir
und er fand sehr viele Goldstücke
e ele encontrou muitas moedas de ouro
er füllte die Schatzkiste, die das Tier erwähnt hatte
ele encheu o baú do tesouro que a Besta havia mencionado
und er holte sein Pferd aus dem Stall
e ele tirou seu cavalo do estábulo
die Freude, die er beim Betreten des Palastes empfand, war nun genauso groß wie die Trauer, die er beim Verlassen des Palastes empfand
A alegria que sentiu ao entrar no palácio era agora igual à dor que sentiu ao deixá-lo
Das Pferd nahm einen der Wege im Wald
O cavalo pegou uma das estradas da floresta
und in wenigen Stunden war der gute Mann zu Hause
e em poucas horas o bom homem estava em casa
seine Kinder kamen zu ihm
seus filhos vieram até ele
aber anstatt ihre Umarmungen mit Freude entgegenzunehmen, sah er sie an

mas em vez de receber seus abraços com prazer, ele olhou para eles
er hielt den Ast hoch, den er in den Händen hielt
ele ergueu o galho que tinha nas mãos
und dann brach er in Tränen aus
e então ele começou a chorar
„Schönheit", sagte er, „nimm bitte diese Rosen"
"Beleza", disse ele, "por favor, pegue essas rosas"
„Sie können nicht wissen, wie teuer diese Rosen waren"
"Você não pode saber o quão caras essas rosas foram"
„Diese Rosen haben deinen Vater das Leben gekostet"
"essas rosas custaram a vida de seu pai"
und dann erzählte er von seinem tödlichen Abenteuer
e então ele contou sobre sua aventura fatal
Sofort schrien die beiden ältesten Schwestern
Imediatamente as duas irmãs mais velhas gritaram
und sie sagten viele gemeine Dinge zu ihrer schönen Schwester
e eles disseram muitas coisas ruins para sua linda irmã
aber die Schönheit weinte überhaupt nicht
mas a Bela não chorou nada
„Seht euch den Stolz dieses kleinen Schurken an", sagten sie
"Olhe para o orgulho daquele desgraçado", disseram eles
„Sie hat nicht nach schönen Kleidern gefragt"
"Ela não pediu roupas finas"
„Sie hätte tun sollen, was wir getan haben"
"Ela deveria ter feito o que fizemos"
„Sie wollte sich hervortun"
"Ela queria se distinguir"
„so wird sie nun den Tod unseres Vaters bedeuten"
"Então agora ela será a morte de nosso pai"
„und doch vergießt sie keine Träne"
"e ainda assim ela não derrama uma lágrima"
"Warum sollte ich weinen?", antwortete die Schönheit
"Por que eu deveria chorar?" respondeu Bela

„Weinen wäre völlig unnötig"
"chorar seria muito desnecessário"
„Mein Vater wird nicht für mich leiden"
"Meu pai não sofrerá por mim"
„Das Monster wird eine seiner Töchter akzeptieren"
"O monstro aceitará uma de suas filhas"
„Ich werde mich seiner ganzen Wut aussetzen"
"Oferecer-me-ei a toda a sua fúria"
„Ich bin sehr glücklich, denn mein Tod wird das Leben meines Vaters retten"
"Estou muito feliz, porque minha morte salvará a vida de meu pai"
„Mein Tod wird ein Beweis meiner Liebe sein"
"Minha morte será uma prova do meu amor"
„Nein, Schwester", sagten ihre drei Brüder
"Não, irmã", disseram seus três irmãos
„das darf nicht sein"
"isso não será"
„Wir werden das Monster finden"
"Vamos encontrar o monstro"
"und entweder wir werden ihn töten..."
"e ou vamos matá-lo..."
„... oder wir werden bei dem Versuch umkommen"
"... ou pereceremos na tentativa"
„Stellt euch nichts dergleichen vor, meine Söhne", sagte der Kaufmann
"Não imaginem tal coisa, meus filhos", disse o comerciante
„Die Kraft des Biests ist so groß, dass ich keine Hoffnung habe, dass Ihr es besiegen könntet."
"O poder da Besta é tão grande que não tenho esperança de que você possa vencê-lo"
„Ich bin entzückt von dem freundlichen und großzügigen Angebot der Schönheit"
"Estou encantado com a oferta gentil e generosa da Beauty"
„aber ich kann ihre Großzügigkeit nicht annehmen"
"mas não posso aceitar a generosidade dela"

„Ich bin alt und habe nicht mehr lange zu leben"
"Estou velho e não tenho muito tempo de vida"
„also kann ich nur ein paar Jahre verlieren"
"então só posso perder alguns anos"
„Zeit, die ich für euch bereue, meine lieben Kinder"
"tempo que lamento por vocês, meus queridos filhos"
„Aber Vater", sagte die Schönheit
"Mas pai", disse Bela
„Du sollst nicht ohne mich in den Palast gehen"
"Você não deve ir ao palácio sem mim"
„Du kannst mich nicht davon abhalten, dir zu folgen"
"Você não pode me impedir de segui-lo"
nichts könnte Schönheit vom Gegenteil überzeugen
nada poderia convencer a Bela do contrário
Sie bestand darauf, in den schönen Palast zu gehen
ela insistiu em ir ao belo palácio
und ihre Schwestern waren erfreut über ihre Beharrlichkeit
e suas irmãs ficaram encantadas com sua insistência
Der Kaufmann war besorgt bei dem Gedanken, seine Tochter zu verlieren
O comerciante estava preocupado com a ideia de perder sua filha
er war so besorgt, dass er die Truhe voller Gold vergessen hatte
Ele estava tão preocupado que havia esquecido o baú cheio de ouro
Abends begab er sich zur Ruhe und schloss die Tür seines Zimmers.
à noite, ele se retirava para descansar e fechava a porta do quarto
Dann fand er zu seinem großen Erstaunen den Schatz neben seinem Bett.
então, para seu grande espanto, ele encontrou o tesouro ao lado de sua cama
er war entschlossen, es seinen Kindern nicht zu erzählen
ele estava determinado a não contar a seus filhos

Wenn sie es gewusst hätten, wären sie in die Stadt zurückgekehrt
se soubessem, gostariam de voltar para a cidade
und er war entschlossen, das Land nicht zu verlassen
e ele estava resolvido a não deixar o campo
aber er vertraute der Schönheit das Geheimnis
mas ele confiou a Bela com o segredo
Sie teilte ihm mit, dass zwei Herren gekommen seien
ela o informou que dois cavalheiros haviam chegado
und sie machten ihren Schwestern einen Heiratsantrag
e eles fizeram propostas para suas irmãs
Sie bat ihren Vater, ihrer Heirat zuzustimmen
ela implorou ao pai que consentisse com o casamento
und sie bat ihn, ihnen etwas von seinem Vermögen zu geben
e ela pediu que ele lhes desse um pouco de sua fortuna
sie hatte ihnen bereits vergeben
ela já os havia perdoado
Die bösen Kreaturen rieben ihre Augen mit Zwiebeln
as criaturas perversas esfregaram os olhos com cebolas
um beim Abschied von der Schwester ein paar Tränen zu vergießen
para forçar algumas lágrimas quando se separaram de sua irmã
aber ihre Brüder waren wirklich besorgt
mas seus irmãos realmente estavam preocupados
Schönheit war die einzige, die keine Tränen vergoss
A beleza foi a única que não derramou lágrimas
sie wollte ihr Unbehagen nicht vergrößern
ela não queria aumentar sua inquietação
Das Pferd nahm den direkten Weg zum Palast
O cavalo pegou a estrada direta para o palácio
und gegen Abend sahen sie den erleuchteten Palast
e ao anoitecer eles viram o palácio iluminado
das Pferd begab sich wieder in den Stall
o cavalo voltou para o estábulo

und der gute Mann und seine Tochter gingen in die große Halle
e o bom homem e sua filha entraram no grande salão
hier fanden sie einen herrlich gedeckten Tisch
Aqui eles encontraram uma mesa esplendidamente servida
der Kaufmann hatte keinen Appetit zu essen
o comerciante não tinha apetite para comer
aber die Schönheit bemühte sich, fröhlich zu erscheinen
mas a Bela se esforçou para parecer alegre
sie setzte sich an den Tisch und half ihrem Vater
Ela se sentou à mesa e ajudou o pai
aber sie dachte auch bei sich:
mas ela também pensou consigo mesma:
„Das Biest will mich sicher mästen, bevor es mich frisst"
"A Besta certamente quer me engordar antes de me comer"
„deshalb sorgt er für so viel Unterhaltung"
"É por isso que ele oferece entretenimento tão abundante"
Nachdem sie gegessen hatten, hörten sie ein großes Geräusch
Depois de comerem, ouviram um grande barulho
und der Kaufmann verabschiedete sich mit Tränen in den Augen von seinem unglücklichen Kind
e o comerciante se despediu de seu infeliz filho, com lágrimas nos olhos
weil er wusste, dass das Biest kommen würde
porque ele sabia que a Besta estava chegando
Die Schönheit war entsetzt über seine schreckliche Gestalt
Bela estava apavorada com sua forma horrível
aber sie nahm ihren Mut zusammen, so gut sie konnte
mas ela tomou coragem o melhor que pôde
und das Monster fragte sie, ob sie freiwillig mitkäme
e o monstro perguntou se ela vinha de bom grado
"ja, ich bin freiwillig gekommen", sagte sie zitternd
"Sim, eu vim de bom grado", disse ela tremendo
Das Tier antwortete: „Du bist sehr gut"
a Besta respondeu: "Você é muito bom"

„und ich bin Ihnen zu großem Dank verpflichtet, ehrlicher Mann"
"e estou muito grato a você; homem honesto"
„Geht morgen früh eure Wege"
"Segue os teus caminhos amanhã de manhã"
„aber denk nie daran, wieder hierher zu kommen"
"mas nunca pense em vir aqui novamente"
„Lebe wohl, Schönheit, lebe wohl, Biest", antwortete er
"Adeus Bela, adeus Fera", respondeu ele
und sofort zog sich das Monster zurück
e imediatamente o monstro se retirou
"Oh, Tochter", sagte der Kaufmann
"Oh, filha", disse o comerciante
und er umarmte seine Tochter noch einmal
e ele abraçou sua filha mais uma vez
„Ich habe fast Todesangst"
"Estou quase morrendo de medo"
„glauben Sie mir, Sie sollten lieber zurückgehen"
"Acredite em mim, é melhor você voltar"
„Lass mich hier bleiben, statt dir"
"Deixe-me ficar aqui, em vez de você"
„Nein, Vater", sagte die Schönheit entschlossen
"Não, pai", disse Bela, em tom resoluto
„Du sollst morgen früh aufbrechen"
"você deve partir amanhã de manhã"
„überlasse mich der Obhut und dem Schutz der Vorsehung"
"Deixe-me aos cuidados e proteção da Providência"
trotzdem gingen sie zu Bett
no entanto, eles foram para a cama
Sie dachten, sie würden die ganze Nacht kein Auge zutun
eles pensaram que não fechariam os olhos a noite toda
aber als sie sich hinlegten, schliefen sie ein
mas assim que se deitaram, dormiram
Die Schönheit träumte, eine schöne Dame kam und sagte zu ihr:
A Bela sonhou que uma bela dama veio e disse a ela:

„Ich bin zufrieden, Schönheit, mit deinem guten Willen"
"Estou contente, Bela, com sua boa vontade"
„Diese gute Tat von Ihnen wird nicht unbelohnt bleiben"
"Esta sua boa ação não ficará sem recompensa"
Die Schöne erwachte und erzählte ihrem Vater ihren Traum
Bela acordou e contou ao pai seu sonho
der Traum tröstete ihn ein wenig
o sonho ajudou a confortá-lo um pouco
aber er konnte nicht anders, als bitterlich zu weinen, als er ging
mas ele não pôde deixar de chorar amargamente enquanto estava saindo
Sobald er weg war, setzte sich Schönheit in die große Halle und weinte ebenfalls
assim que ele se foi, Bela sentou-se no grande salão e chorou também
aber sie beschloss, sich keine Sorgen zu machen
mas ela resolveu não ficar inquieta
Sie beschloss, in der kurzen Zeit, die ihr noch zu leben blieb, stark zu sein
Ela decidiu ser forte pelo pouco tempo que lhe restava de vida
weil sie fest davon überzeugt war, dass das Biest sie fressen würde
porque ela acreditava firmemente que a Besta iria comê-la
Sie dachte jedoch, sie könnte genauso gut den Palast erkunden
no entanto, ela pensou que poderia muito bem explorar o palácio
und sie wollte das schöne Schloss besichtigen
e ela queria ver o belo castelo
ein Schloss, das sie bewundern musste
um castelo que ela não podia deixar de admirar
Es war ein wunderbar angenehmer Palast
era um palácio deliciosamente agradável
und sie war äußerst überrascht, als sie eine Tür sah
e ela ficou extremamente surpresa ao ver uma porta

und über der Tür stand, dass es ihr Zimmer sei
e sobre a porta estava escrito que era o quarto dela
sie öffnete hastig die Tür
Ela abriu a porta apressadamente
und sie war ganz geblendet von der Pracht des Raumes
e ela estava bastante deslumbrada com a magnificência da sala
was ihre Aufmerksamkeit vor allem auf sich zog, war eine große Bibliothek
O que mais chamou sua atenção foi uma grande biblioteca
ein Cembalo und mehrere Notenbücher
um cravo e vários livros de música
„Nun", sagte sie zu sich selbst
"Bem", disse ela para si mesma
„Ich sehe, das Biest wird meine Zeit nicht verstreichen lassen"
"Vejo que a Besta não vai deixar meu tempo pesado"
dann dachte sie über ihre Situation nach
Então ela refletiu para si mesma sobre sua situação
„Wenn ich einen Tag bleiben sollte, wäre das alles nicht hier"
"Se eu fosse ficar um dia, tudo isso não estaria aqui"
diese Überlegung gab ihr neuen Mut
Essa consideração a inspirou com nova coragem
und sie nahm ein Buch aus ihrer neuen Bibliothek
e ela pegou um livro de sua nova biblioteca
und sie las diese Worte in goldenen Buchstaben:
e ela leu estas palavras em letras douradas:
„Begrüße Schönheit, vertreibe die Angst"
"Bem-vinda Beleza, banir o medo"
„Du bist hier Königin und Herrin"
"Você é rainha e senhora aqui"
„Sprich deine Wünsche aus, sprich deinen Willen aus"
"Fale seus desejos, fale sua vontade"
„Schneller Gehorsam begegnet hier Ihren Wünschen"
"A obediência rápida atende aos seus desejos aqui"
"Ach", sagte sie mit einem Seufzer

"Ai de mim", disse ela, com um suspiro
„Am meisten wünsche ich mir, meinen armen Vater zu sehen"
"Acima de tudo, desejo ver meu pobre pai"
„und ich würde gerne wissen, was er tut"
"e eu gostaria de saber o que ele está fazendo"
Kaum hatte sie das gesagt, bemerkte sie den Spiegel
Assim que ela disse isso, ela notou o espelho
zu ihrem großen Erstaunen sah sie ihr eigenes Zuhause im Spiegel
Para seu grande espanto, ela viu sua própria casa no espelho
Ihr Vater kam emotional erschöpft an
seu pai chegou emocionalmente exausto
Ihre Schwestern gingen ihm entgegen
suas irmãs foram encontrá-lo
trotz ihrer Versuche, traurig zu wirken, war ihre Freude sichtbar
Apesar de suas tentativas de parecer tristes, sua alegria era visível
einen Moment später war alles verschwunden
Um momento depois, tudo desapareceu
und auch die Befürchtungen der Schönheit verschwanden
e as apreensões da Bela também desapareceram
denn sie wusste, dass sie dem Tier vertrauen konnte
pois ela sabia que podia confiar na Besta
Mittags fand sie das Abendessen fertig
Ao meio-dia, ela encontrou o jantar pronto
sie setzte sich an den Tisch
ela se sentou à mesa
und sie wurde mit einem Musikkonzert unterhalten
e ela foi entretida com um concerto de música
obwohl sie niemanden sehen konnte
embora ela não pudesse ver ninguém
abends setzte sie sich wieder zum Abendessen
à noite, ela se sentou para jantar novamente
diesmal hörte sie das Geräusch, das das Tier machte

desta vez ela ouviu o barulho que a Besta fez
und sie konnte nicht anders, als Angst zu haben
e ela não pôde deixar de ficar apavorada
"Schönheit", sagte das Monster
"Beleza", disse o monstro
"erlaubst du mir, mit dir zu essen?"
"Você me permite comer com você?"
"Mach, was du willst", antwortete die Schönheit zitternd
"Faça o que quiser", respondeu a Bela trêmula
„Nein", antwortete das Tier
"Não", respondeu a Besta
„Du allein bist hier die Herrin"
"Só você é senhora aqui"
„Sie können mich wegschicken, wenn ich Ärger mache"
"você pode me mandar embora se eu for problemático"
„schick mich fort, und ich werde mich sofort zurückziehen"
"mande-me embora e eu me retirarei imediatamente"
„Aber sagen Sie mir: Finden Sie mich nicht sehr hässlich?"
"Mas, diga-me; você não acha que sou muito feio?"
„Das stimmt", sagte die Schönheit
"Isso é verdade", disse Bela
„Ich kann nicht lügen"
"Eu não posso mentir"
„aber ich glaube, Sie sind sehr gutmütig"
"mas eu acredito que você é muito bem-humorado"
„Das bin ich tatsächlich", sagte das Monster
"Eu sou de fato", disse o monstro
„Aber abgesehen von meiner Hässlichkeit habe ich auch keinen Verstand"
"Mas, além da minha feiura, também não tenho juízo"
„Ich weiß sehr wohl, dass ich ein dummes Wesen bin"
"Eu sei muito bem que sou uma criatura boba"
„Es ist kein Zeichen von Torheit, so zu denken", antwortete die Schönheit
"Não é sinal de loucura pensar assim", respondeu Bela
„Dann iss, Schönheit", sagte das Monster

"Coma então, Bela", disse o monstro
„Versuchen Sie, sich in Ihrem Palast zu amüsieren"
"Tente se divertir em seu palácio"
"**alles hier gehört dir**"
"tudo aqui é seu"
„**Und ich wäre sehr unruhig, wenn Sie nicht glücklich wären**"
"e eu ficaria muito inquieto se você não fosse feliz"
„**Sie sind sehr zuvorkommend**", antwortete die Schönheit
"Você é muito prestativa", respondeu Bela
„**Ich gebe zu, ich freue mich über Ihre Freundlichkeit**"
"Admito que estou satisfeito com sua gentileza"
„**Und wenn ich über deine Freundlichkeit nachdenke, fallen mir deine Missbildungen kaum auf**"
"e quando considero sua bondade, mal noto suas deformidades"
„**Ja, ja**", sagte das Tier, „**mein Herz ist gut**
"Sim, sim", disse a Besta, "meu coração é bom
„**Aber obwohl ich gut bin, bin ich immer noch ein Monster**"
"mas embora eu seja bom, ainda sou um monstro"
„**Es gibt viele Männer, die diesen Namen mehr verdienen als Sie.**"
"Há muitos homens que merecem esse nome mais do que você"
„**und ich bevorzuge dich, so wie du bist**"
"e eu prefiro você do jeito que você é"
„**und ich ziehe dich denen vor, die ein undankbares Herz verbergen**"
"e eu prefiro você mais do que aqueles que escondem um coração ingrato"
"**Wenn ich nur etwas Verstand hätte**", antwortete das Biest
"se eu tivesse algum bom senso", respondeu a Besta
„**Wenn ich vernünftig wäre, würde ich Ihnen als Dank ein schönes Kompliment machen**"
"se eu tivesse bom senso, faria um belo elogio para agradecer"
"**aber ich bin so langweilig**"

"mas eu sou tão chato"
„Ich kann nur sagen, dass ich Ihnen zu großem Dank verpflichtet bin"
"Só posso dizer que sou muito grato a você"
Schönheit aß ein herzhaftes Abendessen
A beleza comeu um jantar farto
und sie hatte ihre Angst vor dem Monster fast überwunden
e ela quase venceu seu pavor do monstro
aber sie wollte ohnmächtig werden, als das Biest ihr die nächste Frage stellte
mas ela queria desmaiar quando a Besta lhe fez a próxima pergunta
"Schönheit, willst du meine Frau werden?"
"Bela, você quer ser minha esposa?"
es dauerte eine Weile, bis sie antworten konnte
ela demorou algum tempo antes que pudesse responder
weil sie Angst hatte, ihn wütend zu machen
porque ela tinha medo de deixá-lo com raiva
Schließlich sagte sie jedoch "nein, Biest"
por fim, porém, ela disse "não, Fera"
sofort zischte das arme Monster ganz fürchterlich
Imediatamente o pobre monstro sibilou muito assustadoramente
und der ganze Palast hallte
e todo o palácio ecoou
aber die Schönheit erholte sich bald von ihrem Schrecken
mas Bela logo se recuperou de seu susto
denn das Tier sprach wieder mit trauriger Stimme
porque a Fera falou novamente com uma voz triste
„Dann leb wohl, Schönheit"
"então adeus, Bela"
und er drehte sich nur ab und zu um
e ele só voltava de vez em quando
um sie anzusehen, als er hinausging
olhar para ela enquanto ele saía
jetzt war die Schönheit wieder allein

agora a Bela estava sozinha novamente
Sie empfand großes Mitgefühl
ela sentiu muita compaixão
„Ach, es ist tausendmal schade"
"Infelizmente, é mil penas"
„Etwas, das so gutmütig ist, sollte nicht so hässlich sein"
"Qualquer coisa tão bem-humorada não deve ser tão feia"
Schönheit verbrachte drei Monate sehr zufrieden im Palast
Bela passou três meses muito contente no palácio
jeden Abend stattete ihr das Biest einen Besuch ab
todas as noites a Besta a visitava
und sie redeten beim Abendessen
e eles conversaram durante o jantar
Sie sprachen mit gesundem Menschenverstand
eles falaram com bom senso
aber sie sprachen nicht mit dem, was man als geistreich bezeichnet
mas eles não falavam com o que as pessoas chamam de espirituosidade
Schönheit entdeckte immer einen wertvollen Charakter im Biest
A Bela sempre descobria algum personagem valioso na Fera
und sie hatte sich an seine Missbildung gewöhnt
e ela se acostumou com sua deformidade
sie fürchtete sich nicht mehr vor seinem Besuch
ela não temia mais a hora de sua visita
jetzt schaute sie oft auf die Uhr
agora ela costumava olhar para o relógio
und sie konnte es kaum erwarten, bis es neun Uhr war
e ela mal podia esperar que fossem nove horas
denn das Tier kam immer zu dieser Stunde
porque a Besta nunca deixou de vir àquela hora
Es gab nur eine Sache, die Schönheit betraf
havia apenas uma coisa que preocupava a Beleza
jeden Abend, bevor sie ins Bett ging, stellte ihr das Biest die gleiche Frage

todas as noites, antes de ir para a cama, a Besta fazia a mesma pergunta
Das Monster fragte sie, ob sie seine Frau werden wolle
O monstro perguntou se ela seria sua esposa
Eines Tages sagte sie zu ihm: „Biest, du machst mir große Sorgen."
um dia ela disse a ele: "Fera, você me deixa muito inquieto"
„Ich wünschte, ich könnte einwilligen, dich zu heiraten"
"Eu gostaria de poder consentir em me casar com você"
„Aber ich bin zu aufrichtig, um dir zu glauben zu machen, dass ich dich heiraten würde"
"mas sou sincero demais para fazer você acreditar que eu me casaria com você"
„Unsere Ehe wird nie stattfinden"
"Nosso casamento nunca vai acontecer"
„Ich werde dich immer als Freund sehen"
"Sempre o verei como um amigo"
„Bitte versuchen Sie, damit zufrieden zu sein"
"Por favor, tente ficar satisfeito com isso"
„Damit muss ich zufrieden sein", sagte das Tier
"Devo estar satisfeito com isso", disse a Besta
„Ich kenne mein eigenes Unglück"
"Eu conheço meu próprio infortúnio"
„aber ich liebe dich mit der zärtlichsten Zuneigung"
"mas eu te amo com o mais terno carinho"
„Ich sollte mich jedoch als glücklich betrachten"
"No entanto, devo me considerar tão feliz"
"und ich würde mich freuen, wenn du hier bleibst"
"e eu ficaria feliz por você ficar aqui"
„versprich mir, mich nie zu verlassen"
"Prometa-me nunca me deixar"
Schönheit errötete bei diesen Worten
A beleza corou com essas palavras
Eines Tages schaute die Schönheit in ihren Spiegel
um dia a Bela estava se olhando no espelho
ihr Vater hatte sich schreckliche Sorgen um sie gemacht

seu pai se preocupou muito com ela
sie sehnte sich mehr denn je danach, ihn wiederzusehen
ela ansiava por vê-lo novamente mais do que nunca
„Ich könnte versprechen, dich nie ganz zu verlassen"
"Eu poderia prometer nunca deixá-lo completamente"
„aber ich habe so ein großes Verlangen, meinen Vater zu sehen"
"mas tenho um desejo tão grande de ver meu pai"
„Ich wäre unendlich verärgert, wenn Sie nein sagen würden"
"Eu ficaria incrivelmente chateado se você dissesse não"
"Ich würde lieber selbst sterben", sagte das Monster
"Eu prefiro morrer", disse o monstro
„Ich würde lieber sterben, als dir Unbehagen zu bereiten"
"Prefiro morrer a fazer você sentir mal-estar"
„Ich werde dich zu deinem Vater schicken"
"Vou mandá-lo para seu pai"
„Du sollst bei ihm bleiben"
"você deve permanecer com ele"
"und dieses unglückliche Tier wird stattdessen vor Kummer sterben"
"e esta infeliz Besta morrerá de tristeza em vez disso"
"Nein", sagte die Schönheit weinend
"Não", disse Bela, chorando
„Ich liebe dich zu sehr, um die Ursache deines Todes zu sein"
"Eu te amo demais para ser a causa de sua morte"
„Ich verspreche Ihnen, in einer Woche wiederzukommen"
"Eu te prometo voltar em uma semana"
„Du hast mir gezeigt, dass meine Schwestern verheiratet sind"
"Você me mostrou que minhas irmãs são casadas"
„und meine Brüder sind zur Armee gegangen"
"e meus irmãos foram para o exército"
"Lass mich eine Woche bei meinem Vater bleiben, da er allein ist"

"Deixe-me ficar uma semana com meu pai, pois ele está sozinho"
"Morgen früh wirst du dort sein", sagte das Tier
"Você estará lá amanhã de manhã", disse a Besta
„Aber denk an dein Versprechen"
"mas lembre-se da sua promessa"
„Sie brauchen Ihren Ring nur auf den Tisch zu legen, bevor Sie zu Bett gehen."
"Você só precisa colocar seu anel em uma mesa antes de ir para a cama"
"Und dann werdet ihr vor dem Morgen zurückgebracht"
"e então você será trazido de volta antes da manhã"
„Lebe wohl, liebe Schönheit", seufzte das Tier
"Adeus, querida Bela", suspirou a Fera
Die Schönheit ging an diesem Abend sehr traurig ins Bett
Beauty foi para a cama muito triste naquela noite
weil sie das Tier nicht so besorgt sehen wollte
porque ela não queria ver a Fera tão preocupada
am nächsten Morgen fand sie sich im Haus ihres Vaters wieder
Na manhã seguinte, ela se viu na casa de seu pai
sie läutete eine kleine Glocke neben ihrem Bett
ela tocou um pequeno sino ao lado da cama
und das Dienstmädchen stieß einen lauten Schrei aus
e a empregada deu um grito alto
und ihr Vater rannte nach oben
e seu pai correu escada acima
er dachte, er würde vor Freude sterben
ele pensou que ia morrer de alegria
er hielt sie eine Viertelstunde lang in seinen Armen
ele a segurou em seus braços por um quarto de hora
irgendwann waren die ersten Grüße vorbei
eventualmente, as primeiras saudações terminaram
Schönheit begann daran zu denken, aus dem Bett zu steigen
Beauty começou a pensar em sair da cama
aber sie merkte, dass sie keine Kleidung mitgebracht hatte

mas ela percebeu que não havia trazido roupas
aber das Dienstmädchen sagte ihr, sie habe eine Kiste gefunden
mas a empregada disse que havia encontrado uma caixa
der große Koffer war voller Kleider und Kleider
o grande baú estava cheio de vestidos e vestidos
jedes Kleid war mit Gold und Diamanten bedeckt
Cada vestido era coberto com ouro e diamantes
Schönheit dankte dem Tier für seine freundliche Pflege
Bela agradeceu a Fera por seu cuidado gentil
und sie nahm eines der schlichtesten Kleider
e ela pegou um dos vestidos mais simples
Die anderen Kleider wollte sie ihren Schwestern schenken
ela pretendia dar os outros vestidos para suas irmãs
aber bei diesem Gedanken verschwand die Kleidertruhe
mas com esse pensamento o baú de roupas desapareceu
Das Biest hatte darauf bestanden, dass die Kleidung nur für sie sei
A Fera insistiu que as roupas eram apenas para ela
ihr Vater sagte ihr, dass dies der Fall sei
seu pai disse a ela que esse era o caso
und sofort kam die Kleidertruhe wieder zurück
e imediatamente o baú de roupas voltou novamente
Schönheit kleidete sich mit ihren neuen Kleidern
Bela se vestiu com suas roupas novas
und in der Zwischenzeit gingen die Mägde los, um ihre Schwestern zu finden
e, enquanto isso, as empregadas foram encontrar suas irmãs
Ihre beiden Schwestern waren mit ihren Ehemännern
ambas as irmãs estavam com seus maridos
aber ihre beiden Schwestern waren sehr unglücklich
mas suas duas irmãs estavam muito infelizes
Ihre älteste Schwester hatte einen sehr gutaussehenden Herrn geheiratet
sua irmã mais velha havia se casado com um cavalheiro muito bonito

aber er war so selbstgefällig, dass er seine Frau vernachlässigte
mas ele gostava tanto de si mesmo que negligenciou sua esposa
Ihre zweite Schwester hatte einen geistreichen Mann geheiratet
sua segunda irmã havia se casado com um homem espirituoso
aber er nutzte seinen Witz, um die Leute zu quälen
mas ele usou sua inteligência para atormentar as pessoas
und am meisten quälte er seine Frau
e ele atormentou sua esposa acima de tudo
Die Schwestern der Schönheit sahen sie wie eine Prinzessin gekleidet
As irmãs de Bela a viram vestida como uma princesa
und sie waren krank vor Neid
e adoeceram de inveja
jetzt war sie schöner als je zuvor
agora ela estava mais bonita do que nunca
ihr liebevolles Verhalten konnte ihre Eifersucht nicht unterdrücken
seu comportamento afetuoso não conseguia sufocar o ciúme deles
Sie erzählte ihnen, wie glücklich sie mit dem Tier war
ela disse a eles como estava feliz com a Fera
und ihre Eifersucht war kurz vor dem Platzen
e seu ciúme estava prestes a explodir
Sie gingen in den Garten, um über ihr Unglück zu weinen
Eles desceram ao jardim para chorar por seu infortúnio
„Inwiefern ist dieses kleine Geschöpf besser als wir?"
"De que maneira esta pequena criatura é melhor do que nós?"
„Warum sollte sie so viel glücklicher sein?"
"Por que ela deveria ser muito mais feliz?"
„Schwester", sagte die ältere Schwester
"Irmã", disse a irmã mais velha
„Mir ist gerade ein Gedanke gekommen"
"Um pensamento acabou de me vir à mente"

„Versuchen wir, sie länger als eine Woche hier zu behalten"
"Vamos tentar mantê-la aqui por mais de uma semana"
„Vielleicht macht das das dumme Monster wütend"
"Talvez isso enfureça o monstro bobo"
„weil sie ihr Wort gebrochen hätte"
"Porque ela teria quebrado sua palavra"
"und dann könnte er sie verschlingen"
"e então ele pode devorá-la"
"Das ist eine tolle Idee", antwortete die andere Schwester
"Essa é uma ótima ideia", respondeu a outra irmã
„Wir müssen ihr so viel Freundlichkeit wie möglich entgegenbringen"
"devemos mostrar a ela o máximo de bondade possível"
Die Schwestern fassten den Entschluss
As irmãs fizeram disso sua resolução
und sie verhielten sich sehr liebevoll gegenüber ihrer Schwester
e eles se comportaram muito afetuosamente com sua irmã
Die arme Schönheit weinte vor Freude über all ihre Freundlichkeit
a pobre Bela chorou de alegria por toda a sua bondade
Als die Woche um war, weinten sie und rauften sich die Haare
Quando a semana terminou, eles choraram e arrancaram os cabelos
es schien ihnen so leid zu tun, sich von ihr zu trennen
eles pareciam tão tristes por se separar dela
und die Schönheit versprach, noch eine Woche länger zu bleiben
e Beauty prometeu ficar mais uma semana
In der Zwischenzeit konnte die Schönheit nicht umhin, über sich selbst nachzudenken
Nesse ínterim, Bela não pôde deixar de refletir sobre si mesma
sie machte sich Sorgen darüber, was sie dem armen Tier antat
ela se preocupou com o que estava fazendo com a pobre Fera

Sie wusste, dass sie ihn aufrichtig liebte
ela sabia que o amava sinceramente
und sie sehnte sich wirklich danach, ihn wiederzusehen
e ela realmente ansiava por vê-lo novamente
Auch die zehnte Nacht verbrachte sie bei ihrem Vater
a décima noite ela passou na casa de seu pai também
sie träumte, sie sei im Schlossgarten
Ela sonhou que estava no jardim do palácio
und sie träumte, sie sähe das Tier ausgestreckt im Gras liegen
e ela sonhou que viu a Besta estendida na grama
er schien ihr mit sterbender Stimme Vorwürfe zu machen
ele parecia censurá-la com uma voz moribunda
und er warf ihr Undankbarkeit vor
e ele a acusou de ingratidão
Schönheit erwachte aus ihrem Schlaf
A beleza acordou de seu sono
und sie brach in Tränen aus
e ela começou a chorar
„Bin ich nicht sehr böse?"
"Não sou muito perverso?"
„War es nicht grausam von mir, so unfreundlich gegenüber dem Tier zu sein?"
"Não foi cruel da minha parte agir tão cruelmente com a Besta?"
„Das Biest hat alles getan, um mir zu gefallen"
"A Fera fez de tudo para me agradar"
"Ist es seine Schuld, dass er so hässlich ist?"
"É culpa dele que ele seja tão feio?"
„Ist es seine Schuld, dass er so wenig Verstand hat?"
"É culpa dele que ele tenha tão pouca inteligência?"
„Er ist freundlich und gut, und das genügt"
"Ele é gentil e bom, e isso é suficiente"
„Warum habe ich mich geweigert, ihn zu heiraten?"
"Por que me recusei a me casar com ele?"
„Ich sollte mit dem Monster glücklich sein"

"Eu deveria estar feliz com o monstro"
„Schau dir die Männer meiner Schwestern an"
"Olhe para os maridos de minhas irmãs"
„Weder Witz noch Schönheit machen sie gut"
"nem a inteligência, nem um ser bonito os torna bons"
„Keiner ihrer Ehemänner macht sie glücklich"
"Nenhum de seus maridos os faz felizes"
„sondern Tugend, Sanftmut und Geduld"
"mas virtude, doçura de temperamento e paciência"
„Diese Dinge machen eine Frau glücklich"
"Essas coisas fazem uma mulher feliz"
„und das Tier hat all diese wertvollen Eigenschaften"
"e a Besta tem todas essas qualidades valiosas"
„es ist wahr, ich empfinde keine Zärtlichkeit und Zuneigung für ihn"
"É verdade; Não sinto a ternura do carinho por ele"
„aber ich empfinde für ihn die allergrößte Dankbarkeit"
"mas acho que tenho a maior gratidão por ele"
„und ich habe die höchste Wertschätzung für ihn"
"e eu tenho a mais alta estima por ele"
"und er ist mein bester Freund"
"E ele é meu melhor amigo"
„Ich werde ihn nicht unglücklich machen"
"Eu não vou torná-lo miserável"
„Wenn ich so undankbar wäre, würde ich mir das nie verzeihen"
"Se eu fosse tão ingrata, nunca me perdoaria"
Schönheit legte ihren Ring auf den Tisch
Bela colocou seu anel na mesa
und sie ging wieder zu Bett
e ela foi para a cama novamente
kaum war sie im Bett, da schlief sie ein
mal estava na cama antes de adormecer
Sie wachte am nächsten Morgen wieder auf
Ela acordou novamente na manhã seguinte
und sie war überglücklich, sich im Palast des Tieres

wiederzufinden
e ela ficou muito feliz ao se encontrar no palácio da Besta
Sie zog eines ihrer schönsten Kleider an, um ihm zu gefallen
ela colocou um de seus vestidos mais bonitos para agradá-lo
und sie wartete geduldig auf den Abend
e ela esperou pacientemente pela noite
kam die ersehnte Stunde
finalmente chegou a hora desejada
die Uhr schlug neun, doch kein Tier erschien
o relógio bateu nove, mas nenhuma Besta apareceu
Schönheit befürchtete dann, sie sei die Ursache seines Todes gewesen
Bela então temeu que ela tivesse sido a causa de sua morte
Sie rannte weinend durch den ganzen Palast
Ela correu chorando por todo o palácio
nachdem sie ihn überall gesucht hatte, erinnerte sie sich an ihren Traum
Depois de tê-lo procurado em todos os lugares, ela se lembrou de seu sonho
und sie rannte zum Kanal im Garten
e ela correu para o canal no jardim
Dort fand sie das arme Tier ausgestreckt
lá ela encontrou a pobre Besta estendida
und sie war sicher, dass sie ihn getötet hatte
e ela tinha certeza de que o havia matado
sie warf sich ohne Furcht auf ihn
ela se jogou sobre ele sem nenhum pavor
sein Herz schlug noch
seu coração ainda estava batendo
sie holte etwas Wasser aus dem Kanal
ela buscou um pouco de água no canal
und sie goss das Wasser über seinen Kopf
e ela derramou a água em sua cabeça
Das Tier öffnete seine Augen und sprach mit der Schönheit
a Fera abriu os olhos e falou com a Bela
„Du hast dein Versprechen vergessen"

"Você esqueceu sua promessa"
„Es hat mir das Herz gebrochen, dich verloren zu haben"
"Eu estava com o coração partido por ter perdido você"
„Ich beschloss, zu hungern"
"Resolvi morrer de fome"
„aber ich habe das Glück, Sie wiederzusehen"
"mas tenho a felicidade de vê-lo mais uma vez"
„so habe ich das Vergnügen, zufrieden zu sterben"
"então tenho o prazer de morrer satisfeito"
„Nein, liebes Tier", sagte die Schönheit, „du darfst nicht sterben"
"Não, querida Fera", disse Bela, "você não deve morrer"
„Lebe, um mein Ehemann zu sein"
"Viva para ser meu marido"
„Von diesem Augenblick an reiche ich dir meine Hand"
"a partir deste momento eu te dou minha mão"
„und ich schwöre, niemand anderes als Dein zu sein"
"e eu juro não ser ninguém além de seu"
„Ach! Ich dachte, ich hätte nur Freundschaft für dich."
"Ai de mim! Eu pensei que tinha apenas uma amizade por você"
"aber der Kummer, den ich jetzt fühle, überzeugt mich;"
"mas a dor que agora sinto me convence;"
„Ich kann nicht ohne dich leben"
"Eu não posso viver sem você"
Schönheit hatte diese Worte kaum gesagt, als sie ein Licht sah
A beleza mal havia dito essas palavras quando viu uma luz
der Palast funkelte im Licht
O palácio brilhava com luz
Feuerwerk erleuchtete den Himmel
fogos de artifício iluminaram o céu
und die Luft erfüllt mit Musik
e o ar cheio de música
alles kündigte ein großes Ereignis an
tudo dava a conhecer algum grande acontecimento

aber nichts konnte ihre Aufmerksamkeit fesseln
mas nada poderia prender sua atenção
sie wandte sich ihrem lieben Tier zu
ela se virou para sua querida Besta
das Tier, vor dem sie vor Angst zitterte
a Besta por quem ela tremia de medo
aber ihre Überraschung über das, was sie sah, war groß!
mas sua surpresa foi grande com o que viu!
das Tier war verschwunden
a Besta havia desaparecido
stattdessen sah sie den schönsten Prinzen
em vez disso, ela viu o príncipe mais adorável
sie hatte den Zauber beendet
ela havia acabado com o feitiço
ein Zauber, unter dem er einem Tier ähnelte
um feitiço sob o qual ele se assemelhava a uma Besta
dieser Prinz war all ihre Aufmerksamkeit wert
Este príncipe era digno de toda a sua atenção
aber sie konnte nicht anders und musste fragen, wo das Biest war
mas ela não pôde deixar de perguntar onde estava a Besta
„Du siehst ihn zu deinen Füßen", sagte der Prinz
"Você o vê a seus pés", disse o príncipe
„Eine böse Fee hatte mich verdammt"
"Uma fada perversa me condenou"
„Ich sollte diese Gestalt behalten, bis eine wunderschöne Prinzessin einwilligte, mich zu heiraten."
"Eu deveria permanecer nessa forma até que uma linda princesa concordasse em se casar comigo"
„Die Fee hat mein Verständnis verborgen"
"A fada escondeu meu entendimento"
„Du warst der Einzige, der großzügig genug war, um von meiner guten Laune bezaubert zu sein."
"Você foi o único generoso o suficiente para se encantar com a bondade do meu temperamento"
Schönheit war angenehm überrascht

A bela ficou felizmente surpresa
und sie gab dem bezaubernden Prinzen ihre Hand
e ela deu a mão ao príncipe encantado
Sie gingen zusammen ins Schloss
Eles foram juntos para o castelo
und die Schöne war überglücklich, ihren Vater im Schloss zu finden
e Bela ficou muito feliz ao encontrar seu pai no castelo
und ihre ganze Familie war auch da
e toda a sua família também estava lá
sogar die schöne Dame, die in ihrem Traum erschienen war, war da
até a bela dama que apareceu em seu sonho estava lá
"Schönheit", sagte die Dame aus dem Traum
"Beleza", disse a senhora do sonho
„Komm und empfange deine Belohnung"
"Venha e receba sua recompensa"
„Sie haben die Tugend dem Witz oder dem Aussehen vorgezogen"
"você preferiu a virtude à inteligência ou à aparência"
„und Sie verdienen jemanden, in dem diese Eigenschaften vereint sind"
"e você merece alguém em quem essas qualidades estejam unidas"
„Du wirst eine großartige Königin sein"
"Você vai ser uma grande rainha"
„Ich hoffe, der Thron wird deine Tugend nicht schmälern"
"Espero que o trono não diminua sua virtude"
Dann wandte sich die Fee an die beiden Schwestern
Então a fada se virou para as duas irmãs
„Ich habe in eure Herzen geblickt"
"Eu vi dentro de seus corações"
„und ich kenne die ganze Bosheit, die in euren Herzen steckt"
"e eu conheço toda a malícia que seus corações contêm"
„Ihr beide werdet zu Statuen"

"vocês dois se tornarão estátuas"
„Aber ihr werdet euren Verstand bewahren"
"mas vocês manterão suas mentes"
„Du sollst vor den Toren des Palastes deiner Schwester stehen"
"Você deve ficar nos portões do palácio de sua irmã"
„Das Glück deiner Schwester soll deine Strafe sein"
"A felicidade de sua irmã será seu castigo"
„Sie werden nicht in Ihren früheren Zustand zurückkehren können"
"Você não poderá retornar aos seus antigos estados"
„es sei denn, Sie beide geben Ihre Fehler zu"
"A menos que vocês dois admitam suas falhas"
„Aber ich sehe voraus, dass ihr immer Statuen bleiben werdet"
"mas prevejo que vocês sempre permanecerão estátuas"
„Stolz, Zorn, Völlerei und Faulheit werden manchmal besiegt"
"orgulho, raiva, gula e ociosidade às vezes são vencidos"
„aber die Bekehrung neidischer und böswilliger Gemüter sind Wunder"
"mas a conversão de mentes invejosas e maliciosas são milagres"
sofort strich die Fee mit ihrem Zauberstab
Imediatamente a fada deu um golpe com sua varinha
und im nächsten Augenblick waren alle im Saal entrückt
e em um momento todos os que estavam no salão foram transportados
Sie waren in die Herrschaftsgebiete des Fürsten eingedrungen
eles haviam ido para os domínios do príncipe
die Untertanen des Prinzen empfingen ihn mit Freude
Os súditos do príncipe o receberam com alegria
der Priester heiratete die Schöne und das Biest
o padre se casou com a Bela e a Fera
und er lebte viele Jahre mit ihr

e ele viveu com ela muitos anos
und ihr Glück war vollkommen
e sua felicidade era completa
weil ihr Glück auf Tugend beruhte
porque sua felicidade foi fundada na virtude

                        Das Ende
                           Fim